The Lion bold
The Lamb doth hold

Guter Zauber

Meadowsweet

Guter Zauber

für

innere Stärke

Weisheiten
der
Hexe Bree

Scherz

Für meine Lehrerin Zsuzsanna Budapest, Hohepriesterin, in Dankbarkeit, dass sie mir die weiblichen Mysterien erschlossen hat, und für ihren Humor und ihre Weisheit.

ÜBERSETZT AUS DEM ENGLISCHEN
VON MAJA UEBERLE-PFAFF

Die Originalausgabe erschien unter dem Titel
«Witch's Brew. Good Spells for Peace of Mind»
bei Chronicle Books, San Francisco.

Erste Auflage 2001

Druck und Bindung: Poligrafici
Calderara S.p.A., Bologna, Italien

Die Zauberrituale

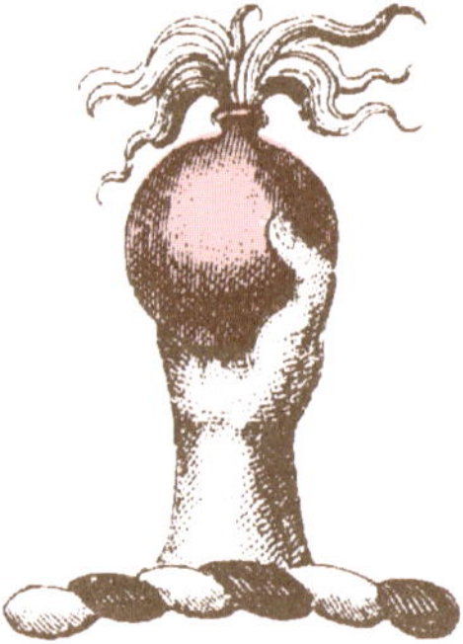

Mutter ist wieder einmal erwacht

Und sitzt verjüngt auf ihrem Thron,

Prachtvoller denn je.

Verkündet ihr Dasein der ganzen Welt mit

Der Stimme des Friedens und der Danksagung.

VIVEKANANDA

Einleitung

Ich wurde schon als **Kind** in die **Hexenkunst** eingeführt, deshalb ist sie für mich das Natürlichste der Welt. Tatsächlich geht es dabei auch oft um die Natur. Auf Spaziergängen durch den Wald zeigte mir meine Tante Edith wilde Stiefmütterchen, wilde Minze und andere Kräuter, die in den ausgetrockneten Bachbetten in der Nähe unseres Hauses wuchsen. Wir pflückten sie und nippten an dem Tee, den wir aus ihnen zubereitet hatten, während meine Tante mir ihr Wissen weitergab. Damals ahnte ich noch nicht, dass diese Tees heilige Tränke waren, die meiner Seele gut tun und meinen Geist für die Wunder der Hexenkunst öffnen sollten.

An diesen verwunschenen Nachmittagen lernte ich, dass es bei magischen Praktiken vor allem wichtig ist, seine **Aufmerksamkeit** auf die **Welt** um sich herum zu richten. Magie existiert in jedem Blatt, jedem Stein, jedem Gewässer und in jedem Wesen. Tante Edith brachte mir bei, dass die höchste Aufgabe einer Hexe ist, sich auf die natürliche Welt einzustimmen und in der Harmonie mit den Zyklen der Natur den Schlüssel zu **INNEREM FRIEDEN** zu finden.

In letzter Zeit haben die Zauberrituale für INNERE STÄRKE für mich immer mehr an Bedeutung gewonnen. Alle Menschen, die ich kenne, leiden unter ihrem hektische, zerfahrenen Leben. Sie werden von ihrem Leistungsdenken so in Anspruch genommen, dass sie sich selbst und ihre Träume dabei verlieren. Sie sind nicht mehr im Einklang mit der Natur und erhoffen sich Hilfe von mir. Ich antworte ihnen, dass nicht diejenigen Menschen inneren Frieden erfahren, die auf die Zukunft zuhasten, sondern die, die in der Gegenwart leben und den Kreislauf der Natur respektieren.

Wie oft sieht man eine **gestresste Hexe**? Bestimmt selten. Für Hexen ist nämlich die heilige Verbindung zur Erde schon immer eine Selbstverständlichkeit gewesen, wir wissen, dass die Erde als Muttergöttin alles Leben erhält. Obwohl auch wir Hexen mit der modernen Welt Schritt halten müssen, achten wir auf **AUSGEGLICHENHEIT** und **PERSPEKTIVE** in unseren Leben, indem wir auf die Rhythmen von Erde, **Mond und** Sternen hören.

Zudem wissen wir, dass ein Ritual eine Art **Gebet** ist – ein **Wunsch**, der mit starker Absicht ausgesandt wird, in Harmonie mit dem Universum. Warum werden Rituale an bestimmten Tagen ausgeführt, warum mit bestimmten Kräutern und einer Kerze von der richtigen Farbe? Auf diese Weise stimmen sich Hexen auf die spirituelle Dimension ein und ehren die «höheren Mächte» jenseits unseres Selbst. Da das Leben immer hektischer wird, ist es zunehmend wichtig, sich um GELASSENHEIT zu bemühen. In diesem Buch zeige ich dir spezielle Zauberrituale auf, die seit Generationen in meiner Familie überliefert wurden – uralte Rezepte, die garantiert Spannungen abbauen und dir im Alltag zu mehr Behaglichkeit und Freude verhelfen.

Praktische Magie

Jede **gute Hexe** weiß, dass die besten Zutaten für ihre Tränke in ihrer **Küche** oder ihrem **Garten** zu finden sind. Viele Pflanzen, die heute als Unkraut gelten, besitzen eine große Heilkraft und magische Eigenschaften. Die meisten Kräuter und ätherischen Öle in diesem Buch sind mittlerweile sehr bekannt. Öle, Duftkerzen und andere Produkte der **Aromatherapie** sind im Handel erhältlich. Die ungewöhnlicheren Ingredienzien bekommst du am ehesten in einem Biomarkt, Naturkostladen oder über den Esoterikbedarf.

Alle Zutaten, die in diesem Buch genannt werden, sind harmlos. Konsultiere jedoch einen Arzt, wenn du besonders empfindlich bist und unter Allergien leidest.

MONDPHASEN

Ein Zauberritual ist **besonders wirkungsvoll**,
wenn es zu einem optimalen Zeitpunkt innerhalb des
Mondzyklus durchgeführt wird.
Jeder Mondzyklus beginnt mit einer «neuen» Phase,
wenn der Mond zwischen der Sonne und der Erde steht,
so dass die beleuchtete Seite von der Erde aus
nicht sichtbar ist. Dann nimmt der Mond allmählich zu,
bis er auf der entgegengesetzten Erdseite angelangt ist.
Wenn der Mond diese erreicht hat, nennen wir
die hell leuchtende Mondscheibe den **Vollmond**.
Der Mond wandert danach wieder zwischen Erde und
Sonne, bis die **Neumondphase** erreicht ist.

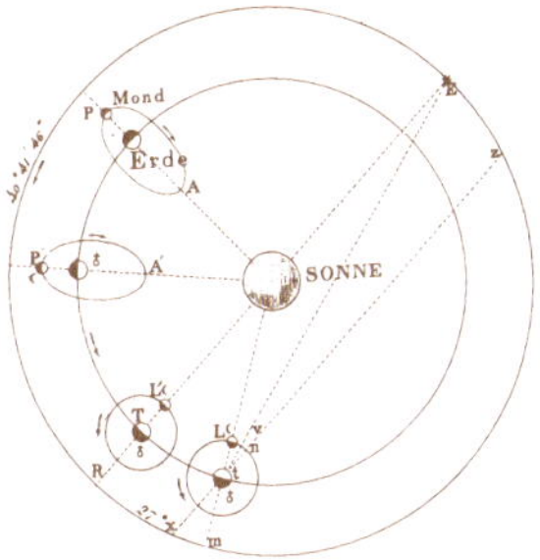

Der gesamte Zyklus dauert einen Monat,
währenddessen der Mond die Erde umkreist.
Um das Sonnenzeichen zu bestimmen, das den Mond
beherrscht, brauchst du einen Mondkalender
oder einen astrologischen Kalender
Der Mond tritt alle zwei bis drei Tage
in ein neues Zeichen ein.

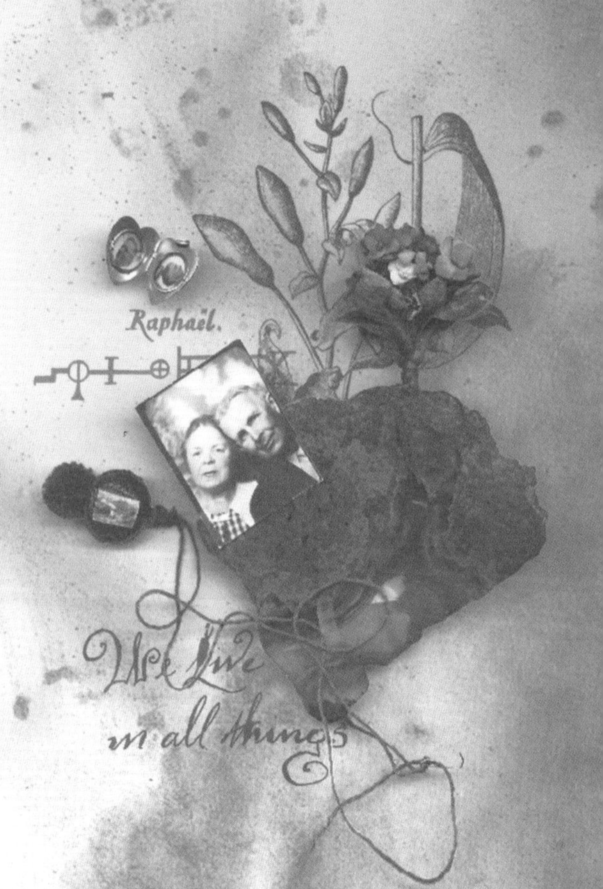
Raphaël.
We Live
in all things

Die Zauberrituale

Das fünfte Pentagramm des Mondes:
schützt gegen Phantome der Nacht,
die unruhigen Schlaf und Alpträume verursachen.

Gute Stimmung im Haus

Semiramis und die Tauben:
die babylonische Göttin des Friedens
und der Vorsehung.

Altar der Gelassenheit

Ein **Altar** ist ein Ort des **Friedens** und der **Meditation**, an dem sich der Geist hoch aufschwingen kann. Mit Gegenständen geschmückt, die dir am Herzen liegen, und dem Zubehör für deine Rituale ausgestattet, dient er der Konzentration und wird zum Ort, an dem Magie am wirkungsvollsten ausgeübt werden kann.

Leg über einen niedrigen Tisch ein **dunkelgrünes Tuch** und darauf Gegenstände aus der **Natur**, die du in deiner Umgebung findest: Blätter, Blumen, Zweige, Steine. Stell braune Kerzen darauf und füge ein leicht duftendes Säckchen Potpourri hinzu, möglichst mit Zutaten aus deinem Garten. Persönliche Andenken wie zum Beispiel ein Bild deiner Mutter eignen sich ebenfalls. Lass in einer Öllampe deine Lieblingsöle verdunsten – ich bevorzuge Vanille und Bergamotte. Salbe auch die Kerzen mit dem Öl, während du daran denkst, dass Frieden und Freude dein Heim umgeben. Sprich die folgenden Worte:

Hier umgibt mich Glückseligkeit.
Frieden und Harmonie herrschen allein
Und wahres Glück ist stets dabei.
Von nun an gibt es nur noch Fülle,
Missklänge sind Vergangenheit.
Hell leuchte stets das Glück
Wie dieses Licht vor mir.
Dies ist das Heim des Friedens und Gedeihens.
Hier lebt das Glück.

An diesem geweihten Ort wird dein Geist jederzeit Ruhe finden. Dein Altar verbindet dich mir der Erde, von der du ein Teil bildest und aus der du bestehst.

Meditation der Dankbarkeit

Setz dich bequem vor deinen Altar
und meditiere. Denk an alles, was dir gegeben ist.
Wofür bist du in diesem Augenblick **dankbar**?
Sich der eigenen Schätze gewahr zu werden
birgt mächtige **Zauberkraft**.
Atme zwanzig Minuten lang tief und
regelmäßig. Sprich dann:

Große Göttin, die du uns alle Früchte der Erde gibst,
Jedweden Reichtum, Schönheit und Wohlbefinden,
Segne alle, die diese Gaben schenken und erhalten.
Ich bin geformt aus Erde, reinstem Wasser,
Heiligem Feuer und wildestem Wind.
Segen über mich, Segen über euch,
Mutter Erde und Schwester Himmel.
So möge es sein.

Inspirierender Rauch

Lass während des Neumonds die folgende Mischung in einer Räucherschale auf deinem Altar verglimmen und schaffe damit eine **positive** und **friedvolle Atmosphäre**. Zerstoße je einen Teelöffel voll:

Myrrhe – Hagebutte – Vanillemark – Safran

Zünd eine gelbe Kerze an, die mit Vanilleöl gesalbt ist und stell eine einzelne gelbe Rose in eine Vase neben die Räucherschale. Gelb symbolisiert Intelligenz und geistige Klarheit. Stell auf die andere Seite eine Schale mit Safranwasser, in dem ein Zitrin liegt.

Safranwasser wird hergestellt, indem du einen Teelöffel Safran in zwei Tassen destilliertem Wasser aufkochst. Tauche die Hände ins Wasser, berühre dein «Drittes Auge» in der Mitte der Stirn und sprich laut:

Ischtar, Isis, Astarte – erfüllt mich mit eurer Gegenwart.
In dieser Nacht bin ich heil, bin ich in Frieden.
Mit jedem Atemzug erhalte ich Inspiration.
So möge es sein.

Saturnus
Venus
Mars
Luna

Trank der Klarheit

Ich empfehle immer, einen mehrjährigen **Salbei** in einem Topf zu ziehen, damit man die **Energie** reinigen und seine **Wahrnehmung** steigern kann. Die gleiche Wirkung hat auch **Minze**; das Wort kommt vom lateinischen *mentha*. Sie wird auch «Blume der immer währenden Erfrischung» genannt. Zu einem Kranz geflochten verleiht sie **Geistesschärfe**, künstlerische Inspiration und prophetische Gaben. Als Räucherwerk ist sie besonders machtvoll.

Es gibt ein ganz einfaches Mittel, um seine **Gedanken zu klären** und auf die **höheren Mächte** einzustimmen. Nimm je zur Hälfte Salbei- und Minzestengel und roll sie zu einem «Zauberbündel» zusammen. Umwickle es mit buntem Faden und räuchere deine Wohnung vor jedem Ritual, Zauberbann und jeder Tarot-Deutung, indem du die Blätter anzündest und den Rauch in der Luft verteilst. Dadurch wird der Raum gereinigt.

Schützendes Potpourri

Das Mischen von Potpourris, die man heute praktisch in jedem Haushalt findet, ist ein mittelalterlicher Brauch, der im 19. Jahrhundert wiederbelebt wurde. Sammle und trockne folgende Blumen, mit denen du einen Ort **heiligen** und schützen kannst:

Rose – Ringelblume – Alpenveilchen – Löwenmaul – Gartennelke

Besprenge die Mischung mit Geranien-, Nelken- und Zimtöl. Stell sie für die Dauer eines Neumondzyklus an den südlichen Punkt deines Altars. Ein Kranz aus diesen Blumen, in den du noch Knoblauchzehen einflichtst, schützt vor Schaden und Krankheit. Eine kleine, süß duftende Schale mit Potpourri auf deinem Tisch wird dir stets gute Dienste tun.

Trost aus der Tasse

Tee besitzt eine **stark wandelnde Kraft**.
Indem man ihn trinkt, nimmt man seine Magie in sich auf.
Einen himmlischer Trank, mit dem du alle Stürme des Lebens bestehst, erhältst du, wenn du einer Tasse heißem Schwarztee eine Scheibe Ingwerwurzel und ein wenig Kamille und Pfefferminze hinzufügst. Bevor du trinkst, sprich die folgenden Worte:

Heute bete ich um innere Ruhe, um Gesundheit
Und die Weisheit, in jedem Augenblick des Tages
Schönheit zu erkennen. Ich bin gesegnet.
So möge es sein.

Kräutertees nähren die Seele und heilen den Körper:

HEIDELBEERBLÄTTER

Mildern Stimmungsschwankungen, gleichen den Glukosehaushalt aus und helfen bei Krampfadern.

BRENNNESSEL

Gibt Energie, stärkt das Immunsystem und ist reich an Eisen und Vitaminen.

FENCHEL

Weckt die Lebensgeister, erfrischt den Atem und stärkt die Verdauungsorgane.

ECHINACEA (Purpursonnenhutkraut)

Verleiht ein Gefühl erhöhten und anhaltenden Wohlbefindens und verhindert Erkältungen und Grippe.

INGWERWURZEL

Beruhigt und heitert auf, fördert die Verdauung und hilft gegen Übelkeit und Kreislaufbeschwerden.

LÖWENZAHNWURZEL

Erdet und zentriert, enthält viele Mineralien und Nährstoffe und entgiftet die Leber.

Spell

Traumspray

Meine Tante Edith, die mich in die Wunderwelt der Hexenkunst einführte, besaß einen Wäscheschrank, in dem es immer nach **Lavendel** duftete. Kaum sog ich diesen Duft ein, schon fühlte ich mich getröstet. In sauberer, nach Kräutern duftender Bettwäsche zu schlafen ist die beste Garantie für **tiefen Schlaf** und **angenehme Träume**.

Die Mischung für Träumer besteht aus:

4 Tropfen Lavendelöl
3 Tropfen Kamillenöl
3 Tropfen Orangenöl
100 ml destilliertem Quellwasser

Mische Wasser und Öle gut zusammen
und fülle alles in eine Sprayflasche.
Fünfzehn Minuten, bevor du schlafen gehst,
sprühe etwas davon auf Bettwäsche, Handtuch,
Kopfkissen und ins Schlafzimmer.
Lege ein Traumjournal neben dein Bett,
um am Morgen festzuhalten,
was du in der Nacht geträumt hast.

Verwöhnlotion

Mit diesem **entspannenden Elixier** lässt sich nach einer hektischen Woche wunderbar eine **ruhige, persönliche Atmosphäre** schaffen. Das Elixier wirkt am stärksten am Freitag, dem Tag der Göttin Freya, im Licht des Mondes. Mische folgende ätherische Öle in einem kleinen, wenn möglich roten Tongefäß oder Fläschchen:

2 Tropfen Zedernöl
2 Tropfen Sandelholzöl
2 Tropfen Ylang-Ylang
2 Tropfen Lavendel

Richte dich mit dem Gesicht zum Fenster, schließe die Augen, heb deinen Kopf dem Mond entgegen und sprich:

Freya, Ewige und Weise, gibt mir deine Stärke,
Durch meinen Atem lebst du im mir heute Nacht.

Betupfe die Innenseiten deiner Handgelenke, die «Parfümstellen» hinter den Ohren, die Vertiefung an der Kehle und beide Kniekehlen mit dem Elixier. Wenn das Öl dich mit seinem warmen Duft umfängt, durchströmt dich ruhige Stärke.

Zauberbann gegen böse Wünsche

Nichts stört die innere Ruhe so sehr wie eine **Pechsträhne** oder **missgünstige Gedanken**, die auf einen gerichtet sind. Für dieses Ritual brauchst du ein Stück Rinde der Wahu-Pflanze (das Wort entstammt der Dakota-Sprache und bedeutet Pfeilholz). Ihr lateinischer Name ist Euonymus atropurpureus, und sie darf auf keinen Fall verzehrt werden. Leg die Rinde in kochendes Wasser. Tauche den rechten Zeigefinger in die abgekühlte Flüssigkeit, male ein Kreuz auf deine Stirn und sage siebenmal: «Wahu!»

Gegen störende Energien findest du alles Notwendige in deinem Küchenschrank:

ZITRONENSCHALE

auf Möbel, Türklinken und Fensterrahmen gerieben,
vertreibt negative Energien.

ROSMARIN

in einem Potpourri oder Kranz
oder auf die Türschwelle gestreut, bietet Schutz.

SALZ

auf der Türschwelle hält ungebetene Gäste fern.

John Eastham to have
Pint of Gin, every two or three
Oct 16 1812

Der Blick nach innen

Der Brunnen:

ein Sinnbild für tiefe Geheimnisse und den Zugang zu verborgenen Quellen und Ressourcen. Das Eintauchen in den Brunnen symbolisiert den Weg ins Reich des Unbewußten.

Rosenwasserschale

Drei einfache Zutaten – eine rosarote Kerze, eine rote Rose und Wasser – können einen erstaunlich **beruhigenden Einfluss** ausüben. Die Rose steht für Schönheit, Liebe zu sich selbst und anderen, Blühen, Knospen, die Erde, das Herz und Frieden. Die Kerze steht für die gelbe Flamme des Ostens, Einheit, Harmonie, Konzentration, höhere Absichten und das Licht der Seele. Wasser ist Reinigung, freier Fluss, Gefühlsstärke und das Element des Westens. Dieses Ritual kann allein oder in einer Gruppe vollzogen werden; in diesem Fall wird die Schale weitergereicht.

Leg die rote Rose in eine Schale mit klarem Wasser und zünde daneben die rosarote Kerze an. Rühre mit den Fingern deiner linken Hand das Wasser um und sprich:

Ich gebe mir Leben und Gesundheit, frisches Wasser
für meinen Geist.
Ich gebe mir Zeit zum Ruhen und Raum zum Wachsen.
Ich bin Liebe. Mein Herz ist so groß wie die Welt.
Ich bin innerer Frieden. So möge es sein, jetzt und für immer.

Trockne die Rose und bewahre sie neben dem Bett
oder auf dem Schreibtisch auf;
sie wird dein Herz mit Liebe erfüllen.

Luftzeichentee

Wenn der **Neumond** in einem **Luftzeichen** steht,
also entweder Wassermann, Zwilling oder Waage,
überbrühe die folgenden Kräuter in einer gelben Teekanne
mit kochendem Wasser:

*1 Esslöffel Bockshornklee-Samen**
4 getrocknete Gewürznelken
Eine Messerspitze getrockneter Lavendel

* *In den meisten Esoterikgeschäften und Naturkostläden erhältlich*

Gib nach fünf Minuten etwas Honig dazu
und trink den milden Tee oder markiere die vier
Himmelsrichtungen und gieß den Tee
im Freien ostwärts auf die Erde, während du sprichst:

Geflügelter Merkur, Gott der Lüfte,
Ich flehe dich an, bring mir Hellsicht und Bewusstheit.
Sei wie der Wind mir im Rücken.
Mache alles neu.

Dieses Ritual sollte dir glänzende Einsichten und große **innere Stärke** und **Klarheit** vermitteln. Höre jetzt auf deine Intuition. Sie wird dich nicht im Stich lassen.

Ritual der Stille

Um inneren Frieden zu finden, geh im Wald, am Strand oder auch einfach im Garten spazieren. Suche einen Stock, sieben Eschen- oder Eichenblätter und mehrere Steine. Zieh mit dem Stock einen Kreis auf der Erde und markiere die vier Himmelsrichtungen. Leg die Steine in die Mitte des Kreises. Konzentriere dich auf deine Verbundenheit **zur Erde** und wie du sie in dein Leben integrieren kannst. Sprich:

Glück steigt auf für mich im Osten.
Meine Musik erklingt im Süden.
Meine Wünsche erheben sich im Westen.
Im Norden werden meine Wünsche wahr.

THE stars come nightly to the sky;
The tidal wave unto the sea;
Nor time, nor space, nor deep, nor high
Can keep my own away
me.
FRIENDSHIP is the triple alliance of the three great powers, Love, Sympathy, and Help.

Balsam gegen den Blues

Wenn der Tag trübe und die Laune schlecht ist, nutze die altbekannte Kraft der **Myrrhe**, um **Körper** und **Seele** zu **entlasten**. Diese Wüstenpflanze produziert ein Öl, das als Sonnenschutz und Feuchtigkeitsmittel wirkt. Kombiniere Myrrhe mit den folgenden Ölen und mit 100 ml unparfümierter Körpermilch oder 50 ml Olivenöl oder Mandelöl:

2 Tropfen Kamille
2 Tropfen Myrrhe
8 Tropfen Rosmarin
8 Tropfen Geranie

Vermische die Öle und fülle sie in einen Tonbehälter mit Korkverschluss. Setze dich nach dem Baden in einen Raum, der nur von einer blauen Kerze erleuchtet wird, und reibe dich sanft mit dem Balsam ein. Sing laut:

Heil werden und gesunden ist mein Ziel,
Gesegneter Balsam, vertreib meinen Schmerz.
Schaden entstehe keinem, Gesundheit allen.

Auf den Flügeln der Phantasie

Häufig lässt die innere Stärke nach, wenn das Leben zu viel Routine enthält. **Inspiration** und **Imagination** sind rasch wirkende Gegenmittel.

Stell an einem Dienstag bei zunehmendem Mond eine Stunde vor Mitternacht eine grüne und eine gelbe Kerze auf deinen Altar. Platziere daneben einen ungeschliffenen Amethyst, einen Apfel und eine Schale mit Lavendel, Helmkraut oder Baldrian.

Halte den Apfel in der rechten Hand und sprich, wenn die Kerzen brennen, die folgende Zauberformel, während du den Altar viermal im Uhrzeigersinn umrundest:

Sonne und Mond, erweckt mich heut Nacht
Mit der Kraft von Erde und Luft, Feuer und Wasser.
Inspiration verleiht mir die Frucht der Erkenntnis.
Alle Wege stehen mir offen. So soll es sein.

Iss den Apfel und vergrabe dann Kerne und das Gehäuse vor deiner Haustür. Du wirst einen viel versprechenden Weg beschreiten, den deine Phantasie dir weist.

G2
D2
Hibiscus

Alchemie mit Räucherwerk

Vor langer Zeit entdeckten Schamanen und Hexen, dass parfümierte Harze von Kräutern und Ästen im Feuer ihre wahren Kräfte freisetzen. Seit damals ist Räucherwerk ein wesentlicher Bestandteil magischer Rituale und ein beliebtes Mittel für **inneres** und **äußeres Gleichgewicht**.

Für die Herstellung von Räucherwerk brauchst du Mörser und Stößel und eine Reihe von verschließbaren Töpfchen. Das Räucherwerk wird auf Holzkohletabletten verbrannt, die im Esoterikladen erhältlich sind.

FÜR INNERE STÄRKE – zerstoße Sandelholz, Lorbeerblätter und Ambra. Verbrenne eine kleine Menge davon auf deinem Altar und meditiere. Einige Damianablätter erhöhen die Konzentration.

FÜR GEISTIGE KLARHEIT – zerstoße zu gleichen Teilen Zimt und Benzoeharz. Du erreichst deine Ziele, wenn du diese Kombination verglimmen lässt.

FÜR EINE TIEFE MEDITATION – mische Sandelholz und Weihrauch mit Veilchenwurzel im Verhältnis 4:4:1. Füge einen Tropfen Engelwurz, Ackermennig oder Aloe hinzu. Verwende die Mischung bei Vollmond oder während einer Mondzeremonie.

Beruhigung durch Kamille

Dieses herrlich aromatische Kraut wächst überall wild weiter, wo es einmal Fuß gefasst hat. Der köstliche Tee dieser Pflanze beschert **süße Träume**, beruhigt Nerven und Haut und hilft bei Bauchschmerzen. Kamille ist ein Symbol für **Energie** und **Geduld**, war den Angelsachsen heilig und wurde von Ägyptern wie Römern als «Blume der Ausgeglichenheit» verehrt.

Während du einen milden Tee aufbrühst,
sing diesen mittelalterlichen Zauberspruch:

Mit milder Hand und tröstlichem Balsam,
Oh, duftende Kamille, mein hellgrünes Kraut,
Bring Gesundheit mir und Mut.

Nippe an dem heißen Trank
und sei in den nächsten Tagen
offen für bedeutende Einsichten.

Parfümöl

Fülle Mandelöl, Sojaöl oder ein anderes Basisöl in eine blaue Flasche, füge je zwei Tropfen Neroli, Kamille und Türkische Rose hinzu. Schüttle die Mischung gut. Leg eine Orange neben eine brennende lavendelfarbene Kerze, die du mit dem Öl aus der Flasche gesalbt hast. Sprich laut:

Mit eigner Hand mischte ich das Öl;
Der himmlische Balsam ist meiner Seele Hort.
Durch eigenen Willen schuf ich den Zauber,
Das wertvolle Salböl schützt mich vor Unheil.
Schaden erwachse keinem, Gesundheit allen.
Glück und Segen.

Betupfe deine Handgelenke, Kehle, Herz, die zarten Stellen hinter den Ohren und in den Kniekehlen und bade in einer See der Ruhe.

Bei innere Unruhe und Nervosität oder wenn du eine schnell wirksame Energiespritze brauchst, wirken die folgenden Öle ausgezeichnet:

Weihrauch – Majoran – Ysop – Neroli (Orangenblüte) – Jasmin – Muskatnuss – Lemon – Rose – Limone – Baldrian – Mandarine – Ylang-Ylang

Tonikum für das Scheitel-Chakra

Dieses magische Haartonikum wird deine Gedanken klären, die Sinne wecken und das Scheitel-Chakra (den Energiepunkt oben an deinem Kopf) öffnen und dir so den Weg zu *Klarheit* und *Wissen* ebnen.

Mische an einem Sonntag:

8 Tropfen Rosenholzöl
8 Tropfen Rosmarinöl
8 Tropfen unparfümiertes Haarwasser oder Regenwasser

Schüttle alles gut und gieß die Mischung über deine frisch gewaschenen Haare, während du singst:

Sanftheit, aus der Rose geboren,
Heb mich hoch auf den Schwingen der Träume.
Ich bin aus heiliger Erde, reinstem Wasser,
heiligem Feuer, wildestem Wind.
Gesegnet bin ich. Gesegnet seid ihr,
Mutter Erde und Schwester Himmel.
So möge es sein.

Dir werden **Visionen** und große geistige Klarheit geschenkt. Vielleicht erkennst du sogar deine wahre Bestimmung. Trage deine neue Weisheit mit Stolz wie eine **Krone**.

80
land had certain news of their retreat,
he started to pursue with all his cavalry
and 1000 mounted infantry. He sent
messengers in advance, ordering the
abitants to hinder and annoy
tives by breaking up the
destroying bridges;
self, since the Highlanders
embarrassed by bad roads
weather, while his own
their progress seriously
difficulties. It was
ays before the pursuers, though
reached the Highlanders.
George, with the rear-guard
artillery, was stopped at
breakdown of some waggons.
morning they saw "a great number
of the enemy's light-horse continually
hovering about us," but these, not
venturing to attack, fled in disorder
as Perth's men advanced. Two miles
farther on they were overtaken by
Cumberland himself, and his cavalry
attacked the Macdonalds, who were
Vollm
Erde
Bahn der Erde
Vollmond

In Harmonie mit Mutter Natur

Griechischer Talisman zum Schutz gegen den bösen Blick

Schillernde Schätze

Seit Anbeginn der Welt tragen Menschen **Steine** und Kristalle als **Schutz** und **Glücksbringer** bei sich. So fühlen sie sich sicher und geborgen. Für innere Stärke besonders geeignet sind ein Amethyst, Rhodocrosit oder Aquamarin. Das sind exotische Namen, aber die Steine sind leicht erhältlich. Leg die Steine in einen himmelblauen Seidenbeutel, den du den Vormittag über auf dem Altar liegen lässt. Nimm dann den Beutel in die Hand und sprich:

Steine der Erde, gewärmt von der Sonne,
Nehmt Sorgen hinweg, Ruhe kehrt ein.

Juwelen der Weisheit

Zur **Aufmunterung** zünde eine
grüne Kerze an und halte beim Meditieren
einen Jadestein in der Hand.

Ein Bergkristall schafft **Ruhe**
und **Gelassenheit** in deiner Umgebung.

Wenn du dich **gestresst** oder **überfordert** fühlst,
halte einen schwarzen Obsidian in der Hand.
Wird der Stress von zu viel Arbeit verursacht,
leg den Obsidian auf deinen Schreibtisch.

Zaubern mit Farben

Farbmagie ist ein wesentlicher Bestandteil aller magischen Praktiken. Die Eigenschaften einer jeden Farbe **beeinflussen** unsere Stimmung und **innere Verfassung** und die Wirksamkeit von Ritualen. Achte bei Kerzen, Edelsteinen und Blumen genau auf die Farben; auch bei Kleidern, Möbeln und der Wohnungseinrichtung ist die Farbwahl wichtig. Wenn du beispielsweise unter Stimmungsschwankungen oder Wutanfällen leidest, würde ich vorschlagen, alle Rottöne aus der Wohnung zu entfernen. Neigst du zu Melancholie, könnte Violett diese Veranlagung verstärken.

Die Farben der Gelassenheit

Für ein harmonisches Heim
zünde donnerstags blaue Kerzen an.

Um Furcht zu überwinden
zünde sonntags rote Kerzen an.

Für inneren Frieden
zünde montags silberne Kerzen an.

Für körperliches Wohlbefinden
zünde freitags grüne Kerzen an.

FÜR SELBSTBEWUSSTSEIN

zünde sonntags rote Kerzen an.

UM GEWISSENSBISSE UND SCHULDGEFÜHLE

ZU ÜBERWINDEN zünde montags weiße Kerzen an.

FÜR GEISTIGE KLARHEIT

zünde mittwochs gelbe Kerzen an.

UM DICH VON GROLL ZU BEFREIEN

zünde montags orange Kerzen an.

FÜR ERFOLG IM BERUF

zünde freitags grüne Kerzen an.

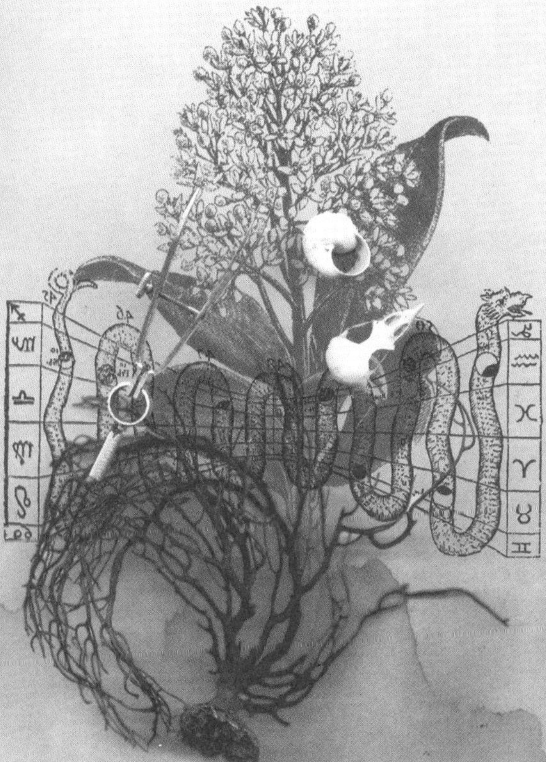

Kerzenritual für eine ruhige Woche

Gönne dir mit dem folgenden Ritual eine herrlich ruhige und heiter-gelassene Woche. An einem Montagabend bei abnehmendem Mond salbe eine schwarze oder graue Kerze mit Veilchenöl. Stell die Kerze auf deinem Altar neben eine Vase mit **frisch gepflückten Veilchen** oder anderen lila Blumen. Setz dich in der Abenddämmerung vor den Altar, und wenn die Sonne untergegangen ist, zünde die Kerze an und sprich:

Sorgen und Leid, hebt euch hinweg.
Ich bin der Berg, der Fluss, der Baum, das Gras und der Mond.
Ich erhalte meine Stärke aus der Natur und sie ist mein Zentrum.
Morgen und von nun an wird Freude mir zuteil.
Schaden entstehe keinem, nur Gutes.

Magische Schritte

Seit Jahrhunderten schreiten Magierinnen auf Wegen, die symbolische Formen und machtvolle spirituelle Bedeutungen haben. Suche dir eine Form aus, die dich besonders anzieht. Ich bevorzuge die Form der Ziffer 8, das Ewigkeitssymbol auf der Magierkarte im Tarot. Hier sind die bedeutendsten universellen Formen:

Oval

Die Form, die den Geist und das göttliche Wesen bezeichnet.

Kreis

Die Form der Sonne und des Mondes, sie steht für das Ganze, das Vollständige, das niemals endet und alles enthält.

KREUZ

Die Form der menschlichen Gestalt mit vom Mittelpunkt ausgestreckten Armen. Die Bedeutung dieses Symbols war schon Tausende von Jahren in vorchristlicher Zeit bekannt.

HEXAGRAMM

In der jüdischen Tradition ist das der Stern Davids, des Geliebten.
Er besteht aus zwei sich durchdringenden Dreiecken, der Begegnung von Himmel und Erde.

FÜNFSTRAHLIGER STERN

Er erinnert an die menschliche Gestalt mit ausgestreckten Armen und Beinen – die Lieblingsfigur Leonardo da Vincis.

Bereite dich auf deine kleine «**Pilgerreise**» vor, wenn der Mond im Zeichen des Schützen, Wassermann oder in deinem eigenen Sternzeichen steht. (Wenn du dein Mondzeichen nicht kennst, frage einen Astrologen.) Am Vor- oder Nachmittag, wenn die Sonne schräg steht, verreibe Jasminöl auf deinen Händen und Pfefferminzöl auf deinen Füßen. Trage einen Lapislazuli oder Sugilit in der Tasche und sprich mit geschlossenen Augen dieses Gebet, bevor du den ersten Schritt tust:

Lenke meine Schritte; hilf mir, in Weisheit zu wandeln.
Was ich heute suche, werde ich finden,
Denn ich gehe mit offenem Herzen und Geist.
Heute erhalte ich die Gaben der Sonne.

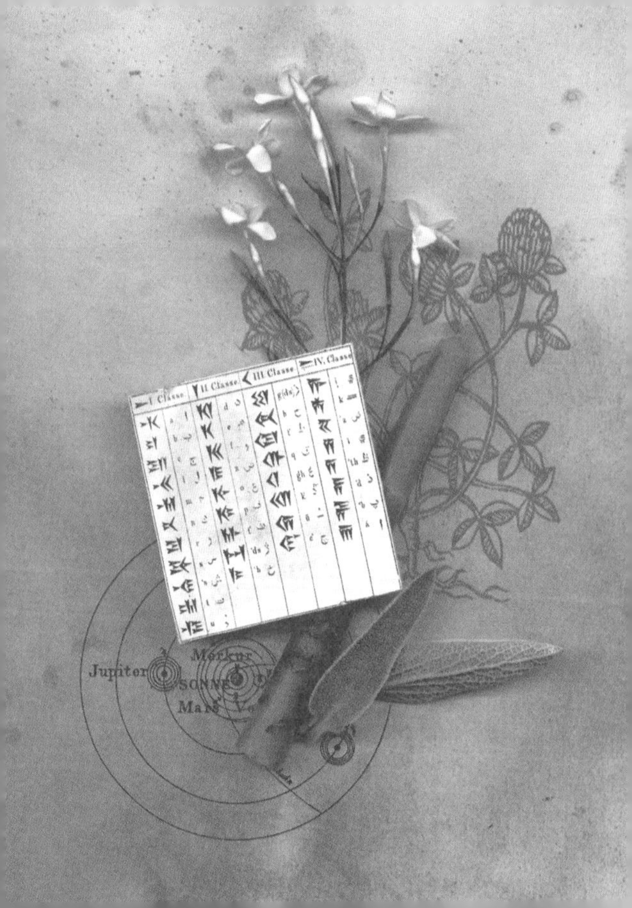
I. Classe
II. Classe
III. Classe
IV. Classe
Jupiter
Merkur
SONNE
Mars

Stille Gespräche mit dem Mond

Der Monddrache:
sichtbar, wenn Jupiter das Zentrum des Himmels beherrscht
Was in seinem Zeichen begonnen wird,
dem ist großer Erfolg beschieden.

RITUAL BEI SONNENUNTERGANG

Wenn du dich vom Stress des Tages **befreien** und eine **ruhige Woche** einläuten willst, ist ein Montag bei abnehmendem Mond – sofort nach Sonnenuntergang – eine gute Zeit. Salbe eine weiße Kerze mit Akazienöl. Gute Alternativen sind Muskatellersalbei, Geranie oder Myrtenöl. Leg ein Lorbeerblatt auf den Altar, stell eine Schale Wasser mit einer Schwertlilie oder einem Löwenmäulchen darin neben die brennende Kerze und sprich laut:

Dieses Feuer ist rein, diese Blume ist heilig, dieses Wasser ist klar.
Diese Elemente reinigen mich.
Ich wandle in Licht, nichts steht mir im Weg.

Meine Energie ist rein, mein Geist heilig, mein Wesen klar.
Diese Elemente sind rein in mir.
Das Licht brennt hell in mir.
So soll es sein.

Halte das Lorbeerblatt in die Kerzenflamme. Atme sechsmal tief ein und aus. Mit dem letzten, starken Ausatmen blase die Kerze aus.

Mondmagie

Zieh an einem Tag während des ersten Mondviertels
ein weißes Hemd oder Kleid an und trage einen
Mondstein bei dir. Geh am Nachmittag spazieren und
sammle **Wildblumen** und Gräser und binde sie zu einem
Kranz, während du an einem Ort sitzt, an dem du
die Mondsichel sehen kannst.
Lasse danach Nag Champa oder Weihrauch verglimmen,
zünde vier weiße Kerzen an und setze dir die
geflochtene Krone auf. Halte den Mondstein in der
linken Hand und konzentriere dich auf deinen Wunsch –
kreative Schaffenskraft, größeres Glück oder
vielleicht die Befreiung von Zorn.

Singe laut:

Luna, in deinem siebten Himmel, ich rufe dich an.
Heller als jeder Stern bist du.
Ich singe dir ein magisches Lied, wenn du es mich lehrst.
Ich gehe auf deinem magischen Pfad, wenn du ihn mir zeigst.
Sei jetzt hier.

Wiederhole diesen Chant dreimal mit ausgestreckten Armen, den Blick auf den Mond gerichtet, und knie dann zwanzig Minuten auf dem Boden. Mit dem immer heller strahlenden Mondlicht wird sich auch dein Geist erhellen.

Mondwissen

Die richtigen **Mondphasen** zu kennen ist für **Rituale** sehr wichtig. Der abnehmende Mond ist eine Zeit, in der man sich von Belastungen lösen kann, und der Neumond ist günstig für einen Neuanfang.

Der Vollmond ist ein großer Lehrer, der für jeden Monat eine spezielle Lektion bereithält:

Wolfmond im Januar
ist die Zeit, die Stärke des Geistes zu erkennen.

Schneemond im Februar
ist geeignet für Visionen und die Festlegungen von Zielen.

Saftmond im März

verkündet den Tod des Winters und
die Wiedergeburt der Natur.

Frühlingsmond im April

feiert die Gesundheit und Lebenskraft.

Blumenmond im Mai

ist die Zeit, in der die Musen Inspirationen geben
und Schönheit herrscht.

Erdbeermond im Juni

bringt die Sommersonnwende und die Milde des Lebens.

Donnermond im Juli

schenkt Regen, das Wasser des Lebens,
und reinigende Stürme.

Roter Mond der Sinne im August

wenn alle Liebenden sich ihrer Leidenschaft widmen.

Geliebter Erntemond im September

eine Zeit, um dankbar zu sein und zu ernten, was wir gesät haben.

Großer Jägermond im Oktober

wenn wir an den Winter denken und physische Nahrung suchen.

Bibermond im November

bewirkt, dass wir unserer Tiernatur eingedenk sind.

Geheimnisvoller kalter Mond im Dezember

eine Zeit, die Flamme in Herz und Seele neu zu entzünden.

4
5
6
7
8
Alpha
A
Beta
B
Gamma
G
Delta
D
Epsilon
E
Digamma
Zeta
Eta
Theta
Iota
I
Kappa
C
Lambda
L
Mu
M
Nu
N
Xi
Omicron
O
P
R
S
T
Upsilon
U
Phi
Chi
Psi
Omega
Sanpi
700
600
900
21
ANNUAL MEETING
MEMPHIS TENN.
MAY

Süsse Träume

Ein ruhiger **Schlaf** und angenehme, erhellende **Träume** sind das sicherste Zeichen, dass du **innere Stärke** erlangt hast. Ein Zauberkissen wird dafür sorgen, dass du deine Träume genießen und am Morgen voller Frische erwachen kannst. Fülle eine pinkfarbene Kissenhülle aus Seide mit einer Mischung aus Rosenblättern, Bergamotte, Eukalyptus und Thymian. Nähe sie mit purpurfarbenem Faden zu und flüstere vor dem letzten Stich:

Ich rufe die Mächte der Nacht an, über mir zu wachen,
Vernehmt meine Herzenswünsche und bringt mir,
Wonach meine Seele verlangt.
Segen für alle und jeden.

Elixier der Luna

Bereite bei Vollmond das folgende **stärkende** Elixier zu, das Geist, Körper und Seele **neue Kräfte** verleiht. Brühe um Mitternacht einen Tee aus je einem Teelöffel getrocknetem Beifuß, Jasminblüten und grüner Minze auf und gieße ihn durch ein Sieb. Trinke ihn gleich anschließend im Freien, im Schein des Mondlichts. Du fühlst dich umgehend klarer, zentrierter und im Einklang mit dir selbst.

Asgard
Alf-heim
Jotun-heim
E

Weitere Bücher der Hexe Bree

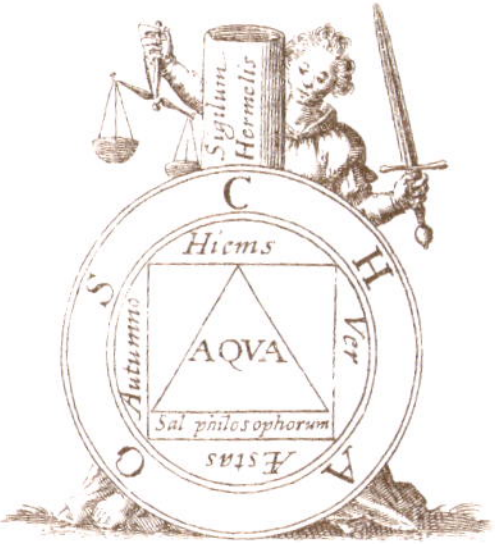

Alchemistische Allegorie:
Wasser, dargestellt durch das Dreieck, kann durch Feuer,
dargestellt durch Schwert und Waage,
entweder gelöscht werden oder verdunsten.

Guter Zauber

für

Glück in der Liebe

Scherz

ISBN: 3-502-12400

Guter Zauber

für

beste Gesundheit

Scherz

ISBN: 3-502-12402

Guter Zauber

für

Wohlstand und Erfolg

Scherz

ISBN: 3-502-12401

Illustrationen

Die Illustrationen in diesem Buch stammen aus den folgenden Quellen:

Vorsatz, S. 1, 15, 96: *Old English Cuts & Illustrations for Artists and Craftspeople* by Bowles & Carver
© 1970 Dover Publications, Inc., New York.
S. 17: *The Complete Encyclopedia of Illustration* by J. G. Heck
© 1979 Crown Publishers, New York.
S. 19, 65: *Secrets of Magical Seals* by Anna Riva © 1975 International Imports, Los Angeles.
S. 20: *Symbols, Signs & Signets* by Ernst Lehner © 1950 Dover Publications, Inc., New York.
S. 43, 77, 89: *The Hermetic Museum: Alchemy & Mysticism* by Alexander Roob © 1997 Taschen Verlag, Köln.

Brenda Knight

Brenda Knight alias Hexe Bree befasst sich seit ihrer Jugend mit Zauberei, Astrologie und dem Studium mittelalterlicher Bräuche. Sie leitet Retreats und Wicca-Workshops und lebt in San Francisco.

Margo Chase

Margo Chase wurde für ihre Arbeit als grafische Designerin als eine der vierzig kreativsten Künstlerinnen der USA ausgezeichnet. Sie arbeitet für die Buch- und Filmbranche. Sie hat das Konzept und die Collagen für dieses Buch entworfen.